MAGASIN

DES

DEMOISELLES

JOURNAL
PARAISSANT LE 25 DE CHAQUE MOIS
À partir du 25 Octobre.

les Ouvrières de qualité
Vaudeville en 1 acte
par Joachim Duflot.
musique de J. Nargeot.

Les abonnements partent du 25 octobre de chaque année,
ET SE FONT POUR L'ANNÉE ENTIÈRE.

PRIX D'ABONNEMENT :

PARIS. . . . . **10** FRANCS. | DÉPARTEMENTS. **12** FRANCS.

LES PREMIÈRE, DEUXIÈME, TROISIÈME, QUATRIÈME, CINQUIÈME, SIXIÈME, SEPTIÈME,
HUITIÈME, NEUVIÈME, DIXIÈME, ONZIÈME, DOUZIÈME ET TREIZIÈME ANNÉES SONT
EN VENTE.

Pour Paris, chaque année, le volume broché. . . . . 10 fr.
Pour les départements, par la poste, le volume broché. 12

QUATORZIÈME ANNÉE.
N° 8. — 25 Mai 1858.

PRIX DE CE NUMÉRO, **3** FRANCS.

PARIS

ADMINISTRATION ET RÉDACTION DU MAGASIN DES DEMOISELLES,
RUE LAFFITTE, 51.

1857-1858

SOMMAIRE DU MOIS DE MAI 1858.

AVEC CE NUMÉRO NOS ABONNÉES RECEVRONT:

1º Keepsake musical composé d'airs nouveaux, par **M. J. NARGEOT**, pour le vaudeville *les Ouvrières de qualité* ;

2º Une gravure sur acier (Jacquart) ;

3º Une gravure de modes ;

4º Une planche de tapisserie coloriée ;

5º Une feuille de broderie, dessins d'ouvrages, patrons, etc.

PETITE CORRESPONDANCE.

Nous répondons aux lettres dans l'ordre de leur réception.
Les lettres non signées restent sans réponse.

TOURS. Nous avons donné l'année dernière deux patrons fichus Marie-Antoinette ; nous en donnerons encore. Celui de février est composé de petits bouillonnés de tulle, sur lesquels on pose un petit velours noir ou de même couleur que la robe ; il est garni de trois volants ourlés avec petits velours. Ces fichus se portent sur une robe décolletée. Vous aurez les initiales.

BEAUMONT-EN-AUGE. Nous avons répondu à votre première lettre. Vous avez eu le dessin de mantelet, avec des explications. L'ornement dont vous parlez est joli.

LANGRES. Oui, toujours de mode.

AU MILIEU DE MES ÉLÈVES. Vous aurez le chiffre ; nous ne pouvons promettre le tableau.

CHÂTEAU DE L'ÉPINE. Regrets de ne pouvoir répondre à votre demande.

PARIS, RUE MONSIEUR-LE-PRINCE. Nous donnerons le plus tôt possible.

TOULON-SUR-MER. Les numéros de mars et d'avril vous ont répondu.

ACEN. Vous avez col et manchettes. Vous aurez les initiales.

ERVY. Vous aurez.

ESPÉRANT UNE RÉPONSE. Il y a un papier bleu à décalquer qui se trouve chez tous les papetiers. Oui, toujours des fichus Marie-Antoinette à pans tombant sur le devant de la robe. Tordre les cheveux. Berthe ou fichu à pans en mousseline avec volants et bouillonnés dans lesquels on passera des rubans bleus.

LIGNY. On en porte toujours. Nous vous tiendrons au courant des nouveautés. Vous recevrez les initiales.

A L'OMBRE DE MON CHÊNE HÉRALDIQUE. Nous ne pourrions vous satisfaire que dans un temps très-éloigné, et nous vous engageons à choisir parmi tous les dessins de volants que nous avons donnés.

AIGNAY-LE-DUC. Nous vous promettons.

EN CUEILLANT DES PRIMEVÈRES. Doubles jupes grenadine ou mousseline de soie. Pris note des initiales.

C. B. P. Vous aurez.

14ᴹᴱ ANNÉE
1857–1858.

MAGASIN DES DEMOISELLES
51, RUE LAFFITTE, 51.

ALBUM
N° 10.

Les abonnements partent du 25 octobre de chaque année,
ET SE FONT POUR L'ANNÉE ENTIÈRE.

PRIX D'ABONNEMENT :

PARIS. . . . . **10** FRANCS. | DÉPARTEMENTS. . . **12** FRANCS.

LES

OUVRIÈRES DE QUALITÉ

VAUDEVILLE EN UN ACTE.

PAROLES DE M. J. DUFLOT.

AIRS NOUVEAUX DE M. J. NARGEOT.

CATALOGUE DES MORCEAUX.

PARIS

BUREAUX, 51, RUE LAFFITTE, 51.

1857–1858

MAGASIN DES DEMOISELLES

1857-1858

14ᵐᵉ ANNÉE.

<table>
<tr><td>BUREAUX
51, RUE LAFFITTE.
PARIS, 10 FRANCS
PAR AN.</td><td>BUREAUX
RUE LAFFITTE, 51.
DÉPARTEMENTS, 12 FRANCS
PAR AN.</td></tr>
</table>

MODES D'ABONNEMENT.

Envoyer un mandat de poste ou un bon à vue sur Paris (sur papier timbré) de la somme de DOUZE FRANCS, à l'ordre de Mᵐᵉ la Directrice du *Magasin des Demoiselles*, 51, rue Laffitte.

Les Messageries Impériales et Générales et les Libraires se chargent également de faire des abonnements au *Magasin des Demoiselles*, 51, rue Laffitte, sans augmentation de prix.

Tous les abonnements au *Magasin des Demoiselles*, 51, rue Laffitte, partent du 25 octobre, et se font pour l'année entière.

Les lettres non affranchies sont rigoureusement refusées.

Les abonnements partent du 25 Octobre de chaque année,
ET SE FONT POUR L'ANNÉE ENTIÈRE.

AVIS IMPORTANT.

Il est essentiel que le mandat soit à l'ordre de Mᵐᵉ LA DIRECTRICE DU *Magasin des Demoiselles*, 51, RUE LAFFITTE.

Les mandats qui ne porteraient pas *Magasin des Demoiselles*, RUE LAFFITTE, 51, seraient retournés pour être rectifiés.

PRIX D'ABONNEMENT (*franc de port*).

PARIS. . . . . **10** FRANCS.	DÉPARTEMENTS.. . . . **12** FRANCS.
SARDAIGNE................. 13 f.	COLONIES FRANÇAISES ET
SUISSE.................... 14	ÉTRANGÈRES, — DEUX-SICI-
ANGLETERRE, — ALLEMAGNE, —AUTRICHE,—BELGIQUE, DUCHÉ DE BADE,—LOMBAR- DIE,—MILAN, — PRUSSE, — RUSSIE, — VENISE, — WUR- TEMBERG................. 16	LES,—ESPAGNE,—HOLLANDE, — PORTUGAL, —TOSCANE,— TURQUIE................. 18 f.
	CANADA,—ETATS ROMAINS... 20

Pays pour lesquels l'affranchissement n'est possible que jusqu'à la frontière française.
PARME, PLAISANCE, MODÈNE, 16 fr.

TYPOGRAPHIE HENNUYER, RUE DU BOULEVARD, 7. BATIGNOLLES.
Boulevard extérieur de Paris.

51, RUE LAFFITTE, 51.

MAGASIN DES DEMOISELLES.

LES OUVRIÈRES DE QUALITÉ

VAUDEVILLE EN UN ACTE.

PAROLES
DE M. J. DUFLOT.

AIRS NOUVEAUX
DE M. J. NARGEOT.

OUVERTURE.

Leggiero.

Nº 1.

ROMANCE.

Rép. : Il est bien juste que je partage la mauvaise fortune.

- er. J'eus ma moi - tié d'o - pu - len - ce pom - peu - - se, Des mauvais
jours ma moi-tié, je la veux. Je con-sens bien à vous voir seule heu -
- reu - se; Mais, pour souf - frir, il est bon d'ê - tre
deux. Oui, pour souf - frir, il est bon d'ê - tre deux.

N° 2.

CHANSON.

Rép. : Redites, mademoiselle, cette jolie chanson que vous chantez si bien.

- tu - re A Dieu pour gar - dien, Et tout bas mur - mu - re: Tout est
bien, tout est bien. Et tout bas mur - mu - re: Tout est bien, tout est
bien.
1º tempo. tr
5me COUPLET.
Pour - quoi chan - ce - ler Et tou - jours nous
plain - dre? Sa - chons donc at - tein - dre Le but sans trem -
- bler; La terre est fé - con - de, Et Dieu, le gar - dien,
Fait que, dans ce mon - de, Tout est bien, tout est bien.
Fait que, dans ce mon - de, Tout est bien, tout est bien.

N° 3.

DUO.

Rép. : Ah ! la fortune ne te change pas, toi !

Mlle BERTHET
Rap -
FIN.
f
- pel - le - toi no-tre dis - grâ - ce, Lors - que, la raquette à la main, Nous
p
Mlle DE VER.
tâchions d'oubli-er la clas - se Pour al - ler jou-er au jar - din. Nous pleu-ri-
- ons des jours en - tiers, Pour une heu - re de re - te - nu - e, Pour
no-tre mauvaise te - nu - e Ou des pâ - tés sur nos ca-hiers.
tr
sf

N° 4.

RONDE.

Rép. : Elle en a pour une heure encore.

Com - me le Juif - Er -
- rant, Qui ja-mais ne s'ar - rê - - te, Mar - che toujours, sois
prê - - te, Et cours com-me le vent. Ne te las - se ja-mais, mi-
- gnon - ne; Sois tou - jours vive au-tant que bon - ne. Sou-viens-toi que le

Ritard.
1° tempo.
pain Est au bout du che-min. O mon ai - guil - le,
preste et gen - til - le! Point de re - pos; Viens à mon ai - de,
Sois le re - mè - de A tous les maux. O mon ai - guil - le, Preste et gen-
1° tempo.
- til - le! Point de re - pos; Point de re - pos; Sois le re - mè - de A
tous les maux.

Nº 5.

FINAL.

Rép. : Yès, yès pour tout le monde.

MAGASIN DES DEMOISELLES.

LES OUVRIÈRES DE QUALITÉ.

VAUDEVILLE EN UN ACTE.

PERSONNAGES.

Mlle HENRIETTE DE VERSIGNY.
Mlle LÉA DE ROCHEBRUNE.
Mlle ÉLISE BERTHET.
FANCHETTE.

LORD CARDIGAN, sous le nom de WILLIAMS.
UN DOMESTIQUE.
UNE FEMME DE CHAMBRE.

Un petit salon modestement décoré. Un piano à droite.

SCÈNE PREMIÈRE.

Mlle DE VERSIGNY, *brodant,* FANCHETTE.

FANCHETTE. — Maintenant que le ménage est en ordre, je dépose mes insignes et je reprends ma broderie. (*Elle serre son plumeau.*)

Mlle DE VERSIGNY. — Ma mère repose-t-elle déjà, Fanchette?

FANCHETTE. — Madame vient de commencer sa sieste, et madame a l'habitude de dormir gentiment ses deux petites heures, après quoi elle sonne sa femme de chambre.

Mlle DE VERSIGNY. — Ma chère petite sœur de lait, avec quel dévouement tu nous sers!

FANCHETTE. — Je serais bien ingrate si je ne vous servais pas, vous qui avez été si bonnes pour moi. Quand vous étiez riches, j'avais ma part d'aisance et de bonheur ; vous êtes devenues pauvres, il est bien juste que je partage la mauvaise fortune.

ROMANCE (Nº 1).

Oui, votre mère éleva mon enfance,
Et comme vous j'appris à travailler;
J'appris aussi que la reconnaissance
Est la vertu que l'on doit envier :
Ces leçons-là ne sauraient s'oublier.
J'eus ma moitié d'opulence pompeuse,
De mauvais jours ma moitié je la veux ;
Je consens bien à vous voir seule heureuse
Mais pour souffrir, il est bon d'être deux.

Mlle DE VERSIGNY.— Excellent cœur ! je n'oublierai jamais tes services ; je me souviendrai que tu as bien voulu te rendre complice du pieux mensonge que nous avons fait à ma mère.

FANCHETTE. — Oui, la bonne dame qui est aveugle croit tout ce que nous lui disons. Elle croit que cette modeste chambre est le salon de son hôtel, elle s'imagine qu'elle a des domestiques dans l'antichambre.

Mlle DE VERSIGNY. — C'est toujours toi qui te multiplie.

FANCHETTE. — Elle se figure enfin qu'elle a des revenus immenses dont vous êtes la dispensatrice.

Mlle DE VERSIGNY. — Et nous parle toujours de ses pauvres dont elle était jadis la Providence, douce erreur qu'il faut lui laisser caresser !

FANCHETTE.—Elle me disait hier : C'est aujourd'hui le 15 août. On n'a point oublié, je pense, la pension du vieux jardinier. — Non, madame, ai-je répondu. Alors, elle m'a dit : Tu es une bonne fille, je songerai à ton avenir.

Mlle DE VERSIGNY. — Ton avenir ! pauvre fille, il ne s'annonce pas brillant,

FANCHETTE. — Eh ! qui sait ? Vous redeviendrez peut-être riche un jour, et je le serai avec vous.

Mlle DE VERSIGNY. — J'en doute. Mais à quoi bon nous attrister ? nous n'en avons pas le temps.

FANCHETTE. — Chantez plutôt pour vous égayer et pour me donner du courage, cette chanson que vous dites si bien.

Mlle DE VERSIGNY.

CHANSON (Nº 2).

I.

L'oiseau qui redit
Sa chanson si douce,
Sur son nid de mousse
Le ruisseau qui fuit,
Tout dans la nature
A Dieu pour gardien,
Et tout bas murmure :
Tout est bien.

II.

Le zéphir dans l'air
Qui parle à l'espace,
La fleur qui s'enlace
Dans un arbre vert,
Tout dans la nature
A Dieu pour gardien,
Et tout bas murmure :
Tout est bien.

III.

Pourquoi chanceler
Et toujours nous plaindre,
Sachons donc atteindre
Le but sans trembler.
La terre est féconde,
Et Dieu, le gardien,
Fait que dans ce monde
Tout est bien.

FANCHETTE. — Je crois que tout est bien, excepté ma broderie.

Mlle DE VERSIGNY. — Elle est terminée?

FANCHETTE. — Oui, madame la fée ; car c'est le nom que vous donne M. Williams, le jeune commis qui vient nous apporter des commandes. Moi, je ne suis qu'une suivante..., et mes points ne se suivent guère.

Mlle DE VERSIGNY. — Nous allons être riches aujourd'hui, car nous avons fait des merveilles cette semaine.

FANCHETTE. — Des vraies toiles d'araignée. (*On sonne.*) Ah ! voilà notre commis. Je vais ouvrir. (*Elle sort.*)

SCÈNE II.

Mlle DE VERSIGNY, *seule.*

Mettons en ordre ces broderies. (*Elle*

va vers une table placée à gauche, elle range les broderies dans un carton.) En voilà pour plus de cinquante francs. Cé négociant pour lequel nous travaillons est vraiment un honnête homme, il exige que nous fixions nous-mêmes le prix... Mais j'entends M. Williams.

SCÈNE III.

Mlle DE VERSIGNY, WILLIAMS, FANCHETTE.

WILLIAMS, *accent anglais exagéré.* — Yes, je souhaite bien le bonjour à vous, miss.

Mlle DE VERSIGNY. —Bonjour, monsieur Williams.

WILLIAMS. — Toutes les broderies sont... brodées.

FANCHETTE. — Oui, jeune enfant d'Albion, les broderies sont prêtes.

WILLIAMS. — Ah! je avais mal dit!

FANCHETTE. — Yes, grâce à deux nuits que nous avons passées.

WILLIAMS. — Oh! il ne faut pas fatiguer vous... La nuit être faite pour dormir.

Mlle DE VERSIGNY. — Vous paraissiez si pressé.

WILLIAMS.—Moi, no ; jamais pressé... que de venir chercher et payer tout de suite.

FANCHETTE, *lui mettant la note sous les yeux.* — Et voici l'addition : soixante-trois francs soixante-quinze centimes. Si toutes nos semaines ressemblaient à celle-ci, nous redeviendrions riches.

WILLIAMS.—Ah! tant mieux! j'aimerais voir vous fortunées biaucoup.

Mlle DE VERSIGNY. — Vous expédiez ces broderies en Amérique?

WILLIAMS, *embarrassé.* — Yes, miss, pour l'Amérique.

Mlle DE VERSIGNY. — Avez-vous beaucoup d'ouvrières?

WILLIAMS. — Oh! pas comme vous.... qui travaillent aussi bien.

Mlle DE VERSIGNY. — Nous apportez-vous de nouvelles commandes?

WILLIAMS.—Moi, prendre tout ce que vous pourrez faire ; les Américains sont gourmands de broderies, les petites manchettes, les petits cols, les petits mouchoirs, yes *beautiful* biaucoup...

FANCHETTE. — On vous en donnera des *beautiful* biaucoup, tant que vous voudrez.

WILLIAMS. — Mais vous passer la nuit ; les yeux être biaucoup fatigués... Voici soixante-trois francs soixante-quinze centimes.

FANCHETTE. — Versez à la caisse. (*Elle tend la main.*) Merci, gentleman commis. Comme je sais l'anglais, hein? Mais on vient. Silence. (*Elle met un doigt sur sa bouche.*)

WILLIAMS. — Yes, yes, compris.

SCÈNE IV.

LES MÊMES, Mlle BERTHET.

(*Mlle de Versigny va au-devant d'elle ; pendant ce temps, Williams et Fanchette prennent la gauche.*)

Mlle BERTHET. — Bonjour, ma bonne Henriette, je n'ai pas voulu passer devant ta porte sans te dire un petit bonjour... Ta mère se porte bien ?

Mlle DE VERSIGNY. — Merci, ma bonne Élise, très-bien. Elle repose en ce moment.

Mlle BERTHET. — Tu recevais une visite, et je te dérange.

FANCHETTE, *vivement.* — C'est le professeur d'anglais de mademoiselle.

WILLIAMS. — Yes, professeur d'anglais.

FANCHETTE. — *English spoken here.*

Mlle BERTHET. — Et Fanchette fait des progrès, je le vois. Ah! ma chère amie, où est le temps où moi aussi j'avais des professeurs d'anglais, de dessin et de piano? Ma famille était riche alors comme la tienne, et je vivais heureuse et insouciante ; mais aujourd'hui, cela est bien différent, nous sommes ruinés et nous n'avons que la modeste pension de mon père, qui suffit à peine à faire vivre six personnes.

Mlle DE VERSIGNY. — Pauvre amie !

Mlle Berthet. — Aussi, je me suis dit : J'ai quelque talent sur le piano...

Mlle de Versigny. — Tu étais très-forte, je m'en souviens.

Mlle Berthet. — Utilisons ce talent pour venir en aide à ma famille...; et je donne des leçons.

Williams. — Oh bien ! cela est bien ; cela être une belle action.

Mlle Berthet. — Mais non, monsieur, c'est tout simplement mon devoir.

Mlle de Versigny. — Te souviens-tu que quelquefois, à la pension, tu t'enfermais avec moi pour étudier ta valse favorite que j'aimais tant à entendre ?

Mlle Berthet. — Si je m'en souviens !... Ce fut le plus heureux temps de ma vie.

Mlle de Versigny. — L'as-tu oubliée, cette valse ?

Mlle Berthet. — Mais non ; et si tu y tiens, nous allons revenir un instant à nos souvenirs d'enfance. (*Elle va se mettre au piano.*)

Williams. — Voulez-vous permettre à moa de rester? j'aime biaucoup la musique.

Mlle de Versigny. — Très-volontiers. (*Morceau de piano joué par Mlle Berthet.*)

Mlle de Versigny. — Décidément, tu es une virtuose.

Williams. — Very well ! brava, yes, bravissima ! Merci, miss, merci. Je m'en vais après cela, moa, enchanté d'avoir entendu pianoter vous. (*Il sort.*)

SCÈNE V.

Les mêmes, *excepté* WILLIAMS.

Mlle Berthet. — Voilà un Anglais qui est sensible à l'harmonie.

Fanchette. — Vous attendriez des rochers,... à plus forte raison, un Anglais.

Mlle Berthet. — N'est-ce pas, chère amie, qu'il est doux de se revoir et de se souvenir de ses premières années ? Il m'arrive parfois de rencontrer quelques-unes de nos anciennes compagnes... Ah ! celles-là n'ont pas ton cœur ; Léa, entre autres ; elle me fait toujours

un petit salut protecteur du haut de sa calèche.

Mlle de Versigny. — Peut-on méconnaître ton excellent naturel et ton esprit?

Mlle Berthet. — Ah ! la fortune ne te change pas, toi.

Mlle BERTHET ET Mlle DE VERSIGNY.
DUO (N° 3).

Doux souvenirs de notre enfance,
Vous êtes présents à nos cœurs,
Que les jours tous remplis de fleurs
Reviennent avec l'espérance.

Mlle BERTHET.

Rappelle-toi notre disgrâce
Lorsque, la raquette à la main,
Nous tâchions d'oublier la classe
Pour aller jouer au jardin.

Mlle DE VERSIGNY.

Nous pleurions des jours entiers
Pour une heure de retenue,
Pour notre mauvaise tenue
Ou des pâtés sur nos cahiers.

Mlle BERTHET ET Mlle DE VERSIGNY.

Doux souvenirs de notre enfance, etc.
(*On sonne. Fanchette sort.*)

Mlle Berthet. — Encore une visite ou un professeur.. Ah ! ma chère, ce sont là les inconvénients de la richesse. Je te laisse ; adieu, ou plutôt au revoir.

Mlle de Versigny. — A bientôt.
(*Mlle Berthet sort.*)

SCÈNE VI.

Mlle DE VERSIGNY, LÉA, FANCHETTE.

Léa. (*Toilette élégante. Une femme de chambre l'accompagne.*) — C'est bien ici la demeure de Mlle Henriette?

Fanchette. — Oui, mademoiselle.

Léa. — Il me semble que je connais de vue cette jeune personne qui sort d'ici.

Fanchette. — C'est Mlle Berthet, la fille d'un général.

Léa, *d'un air dédaigneux.* — Ah ! oui, elle donne des leçons de piano, je crois. Je la déteste ; à la pension, elle était toujours la première dans ma classe.

Fanchette, *à part.* — Cette demoisellelà devait être la première de l'autre côté.

Léa, *à Mlle de Versigny, sans la regarder.* — C'est vous qui êtes la célèbre brodeuse...

Mlle DE VERSIGNY. — Mademoiselle est bien indulgente.

Léa. — Je raffole de la broderie... J'aime beaucoup les dentelles aussi, et j'estime assez les cachemires des Indes. (*La regardant. — A part.*) Où ai-je vu cette ouvrière? (*Haut.*) Mais le linge brodé est, selon moi, la chose la plus élégante. (*A part.*) Elle ressemble bien à Henriette de Versigny.

Mlle de Versigny, *à part.* — Cette belle évaporée est Léa, une créole, ancienne amie de pension.

Léa. — Mademoiselle Henriette, avez-vous une sœur?

Mlle DE VERSIGNY. — Ne cherche pas plus longtemps, ma chère Léa, c'est bien moi, Henriette de Versigny, ton amie. (*Elle fait un pas vers elle.*)

Léa, *rajustant son châle. Froidement.* — Ah! vraiment; et comment se fait-il que vous soyez brodeuse?

FANCHETTE, *à part.* — Elle ne tutoie pas mademoiselle; quelle mijaurée!

Mlle DE VERSIGNY, *dignement.* — Mademoiselle, il est inutile, je crois, de vous raconter par quels événements une famille aujourd'hui riche peut demain devenir pauvre.

FANCHETTE, *se plaçant entre elles deux.* — Non, mais il faut que mademoiselle sache que si vous travaillez c'est pour faire croire à *madame la comtesse* votre mère qu'elle est toujours riche.

Léa. — Ah! mais c'est très-bien, cela. Eh bien, je vous donnerai ma pratique, car il paraît que vous brodez à ravir... Je suis vraiment très-sensible à votre infortune... Vous me ferez une douzaine de mouchoirs... Je ne marchande pas.

FANCHETTE. — Ni nous non plus. Nous ne travaillons pas pour les grandes dames.

Mlle DE VERSIGNY. — Fanchette dit vrai.

— C'est à peine si nous pouvons satisfaire aux exigeances de notre fabricant.

Léa. — J'en suis fâchée, car j'aurais été bien aise de contribuer à votre bien-être. Oh! mon cœur n'a pas changé... Je n'oublie pas mes amitiés d'enfance.

FANCHETTE. — On le voit bien.

Léa. — Vous pourrez venir me voir quelquefois; je vous recevrai le matin.

Mlle DE VERSIGNY. — Merci, mademoiselle, de votre gracieuseté; mais je n'ai pas de temps à perdre.

FANCHETTE, *à part.* — Attrape!

Léa. — A votre aise! Bonjour, petite. (*A part.*) Ces ouvrières sont d'une fierté ridicule.

FANCHETTE. — Permettez que je vous reconduise, mademoiselle. (*Elle fait la révérence. Léa sort.*)

SCÈNE VII.

FANCHETTE, Mlle DE VERSIGNY.

FANCHETTE. — Eh bien, voilà un joli petit échantillon d'amitié.

Mlle DE VERSIGNY. — C'est une enfant gâtée qui a été mal élevée; il ne faut pas lui en vouloir.

FANCHETTE. — Ah! vous pardonnez toujours; vous êtes trop bonne.

Mlle DE VERSIGNY. — Je ne me plains que d'une chose, c'est du temps qu'elle nous a fait perdre.

FANCHETTE. — Nous allons le rattraper. (*Elle s'assied.*)

Mlle DE VERSIGNY. — Je vais voir si ma mère est réveillée.

FANCHETTE. — Elle en a pour une heure encore.

(*Mlle de Versigny entre à gauche.*)

SCÈNE VIII.

FANCHETTE, *seule.*

RONDE (N° 4).

O mon aiguille,
Preste et gentille,
Point de repos;
Viens à mon aide,
Sois le remède
A tous les maux.

Comme le Juif errant
Qui jamais ne s'arrête,
Marche toujours, sois prête,
Et cours comme le vent.
Ne te lasse pas, mignonne,
Sois alerte autant que bonne,
Souviens-toi que le pain
Est au bout du chemin.

O mon aiguille, etc.

SCÈNE IX.

WILLIAMS, FANCHETTE.

WILLIAMS. — Encore au travail !

FANCHETTE. — Quoi ! c'est vous, monsieur Williams? Encore une commande !

WILLIAMS. — Non, au contraire... Je viens décommander.

FANCHETTE, *se levant.*—Ah! mon Dieu, que dites-vous?

WILLIAMS. — N'alarmez pas vous... Je veux parler à Mlle Henriette... J'ai une nouvelle à lui annoncer.

FANCHETTE. — Mauvaise ?

WILLIAMS. — Oh ! pas mauvaise... ; agréable.

FANCHETTE. — Ah ! tant mieux ! La voici.

SCÈNE X.

FANCHETTE, Mlle DE VERSIGNY, WILLIAMS.

Mlle DE VERSIGNY, *surprise.* — M. Williams !

WILLIAMS.—Depuis un an, Williams... Ce matin encore Williams, mais pas ce soir.

Mlle DE VERSIGNY. — Que voulez-vous dire ?

WILLIAMS. — Il n'y a plus devant vous de marchand de broderies. Williams est un nom d'emprunt, et cet accent anglais qui égayait Fanchette, je sais m'en débarrasser au besoin..., car j'ai été élevé en France.

Mlle DE VERSIGNY.—Qui êtes-vous donc, monsieur ?

WILLIAMS.—Je suis lord Cardigan... Quelques mots d'explication me serviront d'excuse. Mon père avait de riches possessions dans les Indes ; un intendant, aux mains duquel il avait remis ses intérêts, trahit sa confiance ; mon père était presque ruiné, quand un Français s'offrit pour reconstruire sa fortune ébranlée : il s'appelait le comte de Versigny.

Mlle DE VERSIGNY. — Mon père !

WILLIAMS.—Oui, mademoiselle...monsieur votre père ; ce loyal gentilhomme fut assez heureux pour réussir dans cette difficile entreprise... Mais l'intendant haineux poursuivit de sa colère M. de Versigny et parvint à le dépouiller de ce qu'il possédait... Le pauvre homme mourut de chagrin !... Pardonnez-moi de vous rappeler ce triste souvenir... Il y a deux ans, à son lit de mort, mon père me dit : Il doit y avoir, en France, une famille de Versigny. Je ne veux pas que cette famille soit pauvre ; cela n'est pas juste ; cherchez-la, trouvez-la, assurez-vous qu'elle est digne de ma reconnaissance et partagez avec elle... J'ai cherché, j'ai trouvé ; pendant une année entière, j'ai suivi vos pas, épié vos actions, et je me suis assuré par moi-même que vous étiez le modèle de toutes les vertus... Or, je viens partager avec vous.

Mlle DE VERSIGNY. — Je vous remercie, monsieur, de votre offre généreuse, mais je ne puis accepter.

WILLIAMS.— Je ne suis pas généreux, miss, je remplis un devoir sacré : la volonté d'un mourant !

Mlle DE VERSIGNY. — Je suis fière d'apprendre que mon père a été assez heureux pour rendre service au vôtre, mais ce service, vous l'avez payé déjà.

WILLIAMS. — Si vous me refusez, mademoiselle, je vais entrer chez madame votre mère et je lui dirai : Vous êtes ruinée et votre fille passe des nuits à travailler.

Mlle DE VERSIGNY. — Gardez-vous-en bien, monsieur ; elle ne pourrait s'en consoler...elle serait trop malheureuse.

WILLIAMS. — Je n'irai pas à une condition..., c'est que vous accepterez ce qui vous est dû.

Mlle DE VERSIGNY. — Je ne sais en vérité que décider.

WILLIAMS. — Et vous, Fanchette, vous acceptez, vous ?

FANCHETTE. — Oui, milord, d'un brave jeune homme comme vous, j'accepte tout.

Mlle DE VERSIGNY. — Pour ma mère, je le ferai, monsieur.

WILLIAMS. — Bonne parole, miss.

SCÈNE XI.

LES MÈRES, LÉA, Mlle BERTHET.

(Léa dans une toilette modeste.)

Mlle BERTHET. — Est-ce vrai, ce que vient de m'apprendre Léa ? Tu travailles pour cacher sa détresse à ta mère ?

Mlle DE VERSIGNY. — Je suis honteuse de t'en avoir fait un mystère.

Mlle BERTHET. — C'est mal ; mais je te pardonne, à la condition que tu pardonneras à Léa... un bon cœur repentant.

Mlle DE VERSIGNY. — Je n'ai rien à pardonner.

LÉA. — Henriette, ta main. (*Elle lui serre la main.*) Je ne suis plus, comme ce matin, arrogante et ridicule, mais humble et suppliante ; et te redemandant ton amitié. Je ne savais pas, ce matin, jusqu'où peut aller le dévouement filial... on vient de me l'apprendre.

Mlle BERTHET. — Et moi j'intercède pour Léa, et je viens te demander pour elle l'adresse de ton fabricant de broderies...

Mlle DE VERSIGNY. — Que dis-tu ?

Mlle BERTHET. — Un procès désastreux réduit Léa, notre camarade de pension, à la dernière extrémité ; une lettre de son correspondant vient de lui apprendre cette triste nouvelle.

LÉA. — Oui, ma chère, tout ce que je possède va devenir la proie d'un créancier impitoyable... Une amie commune, qui a bien voulu s'intéresser à mon sort, m'a promis de me réconcilier avec toi, et je viens te supplier de m'apprendre comment on gagne sa vie en travaillant.

LORD CARDIGAN. — Je connais le fabri-

cant de broderies ; il vous donnera de l'ouvrage... beaucoup.

Mlle DE VERSIGNY. — Oui, milord, nous vous en serons particulièrement reconnaissantes.

LORD CARDIGAN. — Je ferai cela pour vous, miss. Je ferai plus que vous ne demandez.

SCÈNE XII.

LES MÊMES, UN DOMESTIQUE, *tenant un carton.*

LE DOMESTIQUE. — Lord Cardigan !

LORD CARDIGAN. — C'est mon groom ; avancez, John.

LE DOMESTIQUE. — Yes, j'avance.

LORD CARDIGAN, à Mlle *de Versigny.* — Permettez à moi, miss, d'offrir à vous les broderies que vous avez faites.

Mlle DE VERSIGNY. — Quoi ! vous les avez gardées ?... Merci, milord ; elles me rappelleront mes jours de misère et de travail.

LORD CARDIGAN. — Permettez-moi aussi de demander, à vous, votre main.

Mlle DE VERSIGNY. — C'est à ma mère qu'il faut vous adresser, milord.

LORD CARDIGAN. — Vous le voyez, miss Léa, avec le travail on redevient riche.

Mlle DE VERSIGNY. — Et tu le redeviendras, j'en suis certaine. (*A Mlle Berthet.*) Et toi aussi, ma bonne amie. (*Elle regarde Williams, qui fait un signe d'assentiment.*)

FANCHETTE. — Et moi donc ?

Mlle DE VERSIGNY. — N'es-tu pas ma sœur de lait, ma fidèle compagne ?... Et ma bonne mère, quelle sera sa joie ! Courons lui apprendre cette heureuse nouvelle.

LORD CARDIGAN. — Il y a un proverbe français qui dit : Quand il y en a pour deux...

FANCHETTE. — Il y en a pour cinq.

CHŒUR FINAL (N° 5).

Non, plus de crainte et plus d'alarmes,
Le bonheur, qui semblait nous fuir,
A tout d'un coup séché nos larmes
Et nous ouvre un bel avenir.

JOACHIM DUFLOT.

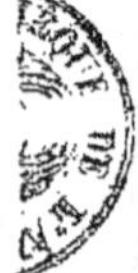

Près de mon chevalet. Papier à décalquer chez tous les papetiers.

En brodant les volants de ma robe. Nous ne pouvons promettre le patron.

Marville. Nous chercherons. On porte peu de corsages en tulle noir ; nous vous conseillons de le faire en taffetas.

Au Colombier. Pris note.

Paris. Vous avez le col. Pris note pour le bonnet. On portera beaucoup de manches bouffantes avec la manchette relevée. Ces manches se montent sur un poignet droit dans le bas, sur lequel relève la manchette ; on ajoute un haut poignet dans le haut. Ces mêmes manches sont ornées de bouillonnés dans lesquels on passe un ruban de couleur.

Castera-Verduzan. Vous avez la capeline ; à bientôt les autres demandes.

Una assignante portugueza. Nous regrettons de ne pouvoir vous satisfaire ; mais nous n'avons aucun bon modèle.

Baugé. Vous avez eu en mars ; dessiné sur étoffe, le prix est de 40 francs.

Écoutant la définition de la vertu. Mme Helbronner doit vous répondre directement.

Neunkirchen. Nous vous donnerons prochainement un dessin plus nouveau ; celui que vous nous envoyez est ancien.

Bourg-d'Oisans. Nous avons donné, il y a quelques années ; cela ne change pas de mode ; d'ailleurs, c'est un objet si ajusté que chaque taille a son modèle.

Mirande. Vous avez eu en avril.

En pensant a mon Emma. Nous craignons de vous faire attendre trop longtemps. Notre dessinateur vous l'enverra pour un prix très-modique, si vous voulez lui en faire la demande.

Bienheureuse d'être votre abonnée. Les initiales brodées en coton rouge. Il faut choisir la coiffure qui sied le mieux à sa physionomie : coiffure à l'impératrice, bandeaux bouffants ou en rouleaux, etc. Vous recevrez vos initiales.

Laugh Swilly. Nous avons donné un charmant corsage en janvier. Vous pouvez supprimer les basques si vous le désirez, mais nous vous conseillons de les laisser ; ces petites basques se garnissent, ainsi que le revers de la manche, d'un effilé assorti à la robe ; on ajoute aussi devant le corsage des brandebourgs. Voyez l'ensemble sur la gravure de modes de janvier. En France, de l'orléans.

Chaumes. Pris note.

Les Andelys. Prenez le patron donné en avril ; le dessin au feston peut se faire en soutache, les œillets seront remplacés par du jais. Choisissez du taffetas. Le noir est préférable.

Loin d'un époux chéri. Lettre non signée.

Paris. J. C. Lettre non signée.

O toi, ma sœur chérie. Lettre non signée.

De Lubersac. Le genre dont vous parlez ne se porte pas ; nous conseillons de broder le mantelet d'avril sur belle mousseline.

Onzain. Vous aurez.

En union avec les enfants de Marie. Les planches filet et crochet ont été données en novembre et janvier, nous ne pouvons prendre aucun engagement pour l'avenir. La nappe d'autel en application est toujours plus riche que celles au filet ou au crochet.

Lodève. Nous avons donné deux patrons fichus Marie-Antoinette. Nous ferons notre possible pour vous contenter. Notre liste est si longue que nous ne pouvons plus prendre d'engagement. Vous aurez vos initiales.

Chauvigny. Vous aurez.

Ne m'oubliez pas. Grande basquine. Taille ronde à ceinture longue ; sous-manches pareilles au col, ou simplement des bouillons en tulle.

Reconnaissance. Longues basquines pareilles à la robe. Bottines noires ou gris-clair. Gants couleur nankin.

Une enfant de Marie. Vous aurez. Oui, toujours de mode.

Pensionnat Sainte-Marie de Tulle. On adapte le lambrequin par des clous dorés à une tablette de cheminée en velours de couleur pareille au meuble.

De mon château de Pigeonneau. Voyez le numéro d'avril, n° 58, 2e feuille.

En travaillant avec vivacité. Vous aurez aussitôt que nous pourrons.

Presso d'una sorellina. Vous aurez.

Toutes les demandes de changements d'adresse qui nous parviennent après le 18 du mois ne peuvent avoir effet que pour le mois suivant.

Il est indispensable que la demande, accompagnée d'une bande du journal et du numéro d'inscription, soit adressée rue Laffitte, 54.

TYPOGRAPHIE HENNUYER, RUE DU BOULEVARD, 7. BATIGNOLLES
(Boulevard extérieur de Paris.)

MAGASIN des DEMOISELLES

1857-1858

<table>
<tr><td>BUREAUX
51, RUE LAFFITTE.</td><td>14me ANNÉE.</td><td>BUREAUX
RUE LAFFITTE, 51.</td></tr>
<tr><td>PARIS, 10 FRANCS
PAR AN.</td><td></td><td>DÉPARTEMENTS, 12 FRANCS
PAR AN.</td></tr>
</table>

MODES D'ABONNEMENT.

Envoyer un mandat de poste ou un bon à vue sur Paris (sur papier timbré) de la somme de DOUZE FRANCS, à l'ordre de Mme la Directrice du *Magasin des Demoiselles*, 51, rue Laffitte.

Les Messageries Impériales et Générales et les Libraires se chargent également de faire des abonnements au *Magasin des Demoiselles*, 51, rue Laffitte, sans augmentation de prix.

Tous les abonnements au *Magasin des Demoiselles*, 51, rue Laffitte, partent du 25 octobre, et se font pour l'année entière.

Les lettres non affranchies sont rigoureusement refusées.

Les abonnements partent du 25 Octobre de chaque année, ET SE FONT POUR L'ANNÉE ENTIÈRE.

AVIS IMPORTANT.

Il est essentiel que le mandat soit à l'ordre de Mme LA DIRECTRICE DU *Magasin des Demoiselles*, 51, RUE LAFFITTE.

Les mandats qui ne porteraient pas *Magasin des Demoiselles*, RUE LAFFITTE, 51, seraient retournés pour être rectifiés.

PRIX D'ABONNEMENT (*franc de port*).

PARIS. . . . . **10** FRANCS.	DÉPARTEMENTS. . . . . **12** FRANCS.
SARDAIGNE. . . . . 13 f.	COLONIES FRANÇAISES ET
SUISSE. 14	ÉTRANGÈRES, — DEUX-SICI-
ANGLETERRE, — ALLEMAGNE,	LES,—ESPAGNE,—HOLLANDE,
—AUTRICHE, — BELGIQUE,—	— PORTUGAL, —TOSCANE,—
DUCHÉ DE BADE, — LOMBAR-	
DIE, — MILAN, — PRUSSE, —	TURQUIE. . . . . 18 f.
RUSSIE, — VENISE, — WUR-	
TEMBERG. 16	CANADA,—ETATS ROMAINS. . . 20

Pays pour lesquels l'affranchissement n'est possible que jusqu'à la frontière française.
PARME, PLAISANCE, MODÈNE, 16 fr.